AF465238

CHEMIN DE FER GLISSANT

PROPULSION HYDRAULIQUE

PAR L. D. GIRARD,

PARIS

GAUTHIER-VILLARS, IMPRIMEUR-LIBRAIRE

LE

CHEMIN DE FER GLISSANT

A PROPULSION HYDRAULIQUE.

40315

Paris — Imprimé chez Jules Bonaventure, 55, quai des Augustins.

LE CHEMIN DE FER GLISSANT A PROPULSION HYDRAULIQUE

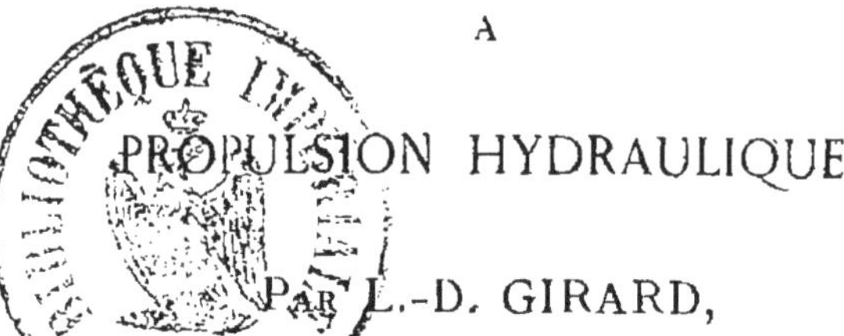

PAR L.-D. GIRARD,

Ingénieur civil, Prix de Mécanique de l'Institut de France, 1843

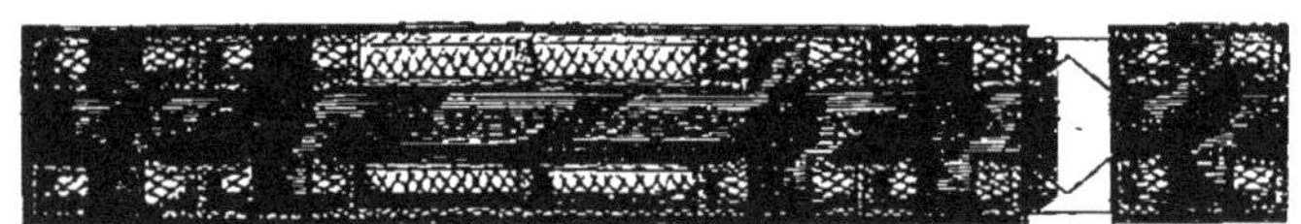

PARIS

GAUTHIER-VILLARS, IMPRIMEUR-LIBRAIRE

QUAI DES GRANDS-AUGUSTINS, 55.

—

1867

LE

CHEMIN DE FER GLISSANT

A

PROPULSION HYDRAULIQUE

AVANT-PROPOS

Avant d'exposer les motifs qui m'ont conduit à publier ce mémoire, je dois rappeler les conclusions du rapport de la grande Commission nommée le 16 avril 1862 par S. Exc. le ministre des Travaux publics à l'effet d'examiner l'invention pour laquelle j'avais eu l'honneur de lui demander les encouragements de l'État.

Cette Commission était composée de :

MM. Avril et Tostain, inspecteurs généraux des Ponts et Chaussées;
Combes et Levallois, inspecteurs généraux des Mines;
Sauvage et Couche, ingénieurs en chef des Mines;
Delaunay, membre de l'Académie des Sciences;
Lissajous, professeur de physique;
Général Favé, aide de camp de S. M. l'Empereur.

Une sous-Commission fut constituée au sein même de la Commission; après une profonde étude du système, suivie d'expériences sur le spécimen de chemin de fer glissant à propulsion hydraulique établi à la Jonchère, elle conclut, à la date du 28 février 1863, dans le rapport de M. Ch. Combes, son président, que les principes sur lesquels repose l'invention soumise à son examen étaient *rationnels*, mais que les voies et moyens proposés pour leur réalisation pratique n'étaient point susceptibles d'application, et qu'en conséquence l'État ne devait ni aider ni encourager M. Girard dans ses idées.

D'accord avec la Commission sur les difficultés signalées dans son rapport, mais non sur l'impossibilité de les surmonter; pénétré de la grandeur et de l'utilité du but à atteindre, et convaincu de la rationalité des moyens théoriques sur lesquels le système est fondé et dont la Commission elle-même avait reconnu la valeur, je ne pouvais être satisfait des conclusions du rapport disant qu'il ne fallait ni m'aider ni m'encourager.

N'était-ce pas, en effet, condamner d'une manière absolue mon système, et m'obliger à faire le sacrifice de toutes les études et expériences faites en vue de la réalisation du nouveau mode de transport?

Je pris alors le parti de demander à M. le ministre des Travaux publics de vouloir bien soumettre à un nouvel examen de la Commission mes travaux précédents, ainsi que les perfectionnements réalisés après la clôture du rapport. Cela me fut accordé.

Les perfectionnements étaient décrits dans un mémoire, assez complet alors, que je remis à la Commission, et qui répondait aux objections exposées dans le rapport. Je fis imprimer et publier ce mémoire en avril 1864[1].

Il fut suivi de plusieurs notes supplémentaires, que je fis publier ainsi que ma lettre à S. Exc. le ministre des Travaux publics, dans laquelle j'avais posé six questions résumant parfaitement ce que je demandais de la Commission.

La réponse à ces questions et les conclusions du nouveau rapport, qui d'ailleurs ne m'a pas été communiqué, peuvent se déduire de la lettre de M. le ministre, en date du 12 mai 1866 (voir page 23).

Cette lettre fixe la valeur de l'invention dans son état actuel.

Je donne ci-après les pièces justificatives à consulter.

[1] *Chemin de fer glissant, nouveau système de locomotion hydraulique.* In-4°, avec atlas de 6 planches in-plano, 1864. Librairie Gauthier-Villars. 20 fr.

I

Paris, Août 1865.

NOTE

ADRESSÉE A S. M. L'EMPEREUR

SUR

LE CHEMIN DE FER GLISSANT.

L'effet utile de l'intelligence est en raison directe des facilités de communication, et plus ces communications deviennent rapides, plus cet effet utile augmente. En effet, l'homme a besoin de voir beaucoup, s'il ne veut pas absorber son intelligence à trouver des choses connues dans d'autres lieux que ceux qu'il habite.

Or, pour voir beaucoup, il faut aller vite d'un

point à un autre. Donc tout ce qui peut contribuer à accélérer la vitesse de transport des personnes doit occuper sérieusement nos grands hommes d'État, partisans du progrès.

Les matières premières, qui servent à confectionner les choses utiles à la vie de l'homme, n'ont pas besoin pour leur transport d'une vitesse excessive, et celle de nos chemins de fer ordinaires est tout à fait suffisante pour ces matières et pour les marchandises qu'elles produisent. Il ne reste donc plus, selon moi, qu'à réaliser une économie sur le coût du transport dans nos voies de fer ordinaires. Je me propose d'indiquer ici le moyen d'y arriver, moyen qui repose sur le principe même de la voie glissante.

Pour revenir à cette dernière, je rappellerai d'abord que dans un travail publié en 1864, et que j'eus l'honneur de présenter à l'Empereur, j'ai décrit suffisamment le système pour n'avoir pas à le reprendre ici.

Seulement, après ce travail, il restait à résoudre un problème qui m'avait paru d'une difficulté telle, que je me résignais à le tourner et à ne pas l'attaquer de face. Ce problème consistait à se débarrasser de la funeste influence de la dilatation des rails en métal. En effet, il ne fallait pas de solution de continuité ou jeu entre deux rails, si on voulait obtenir un glissement parfait; mais d'un autre côté, ces solutions de continuité étaient nécessaires pour permettre l'allongement des rails sous de fortes températures. En présence de cette contradiction, je résolus de faire l'essai d'une surface glissante formée d'une couche d'asphalte comprimé. Cette matière ayant résisté sans déformation sensible à diverses températures me parut devoir réussir, et je me décidai alors à l'adopter pour la formation de ma nouvelle voie glissante.

Un an vient de s'écouler depuis la publication de mon travail. Aujourd'hui les choses sont bien changées; car le problème tant cherché, je viens de le résoudre et d'une manière complète. On peut maintenant établir une voie glissante sans solutions de continuité et indéformable.

La dilatation peut se produire, les rails peuvent s'allonger selon le degré de température qu'ils acquièrent, et cela sans inconvénients (voir pour la démonstration la petite brochure imprimée accompagnée d'une planche autographiée).[1]

[1] *Note sur le chemin de fer glissant* (description d'un compensateur destiné à combattre l'influence de la dilatation). In-4°, avec planche in-plano; 1865. Librairie Gauthier-Villars. 3 fr.

Ajoutons que la voie glissante, grâce à de nouveaux perfectionnements, peut s'établir au moyen de rails en métal, ce qui permet en quelque sorte de faire de la mécanique de précision en plein champ. On peut même entrevoir par là la possibilité du glissement sur l'air comprimé, ainsi que je l'avais conçu dans ma première idée de 1854. En conséquence, la réalisation de vitesses excessives est dès à présent rendue possible par mon système, tandis que sur les voies de fer actuelles on ne peut augmenter la vitesse, par suite d'empêchements matériels, et entre autres par suite des actions de la force centrifuge qui tendent à faire éclater les roues.

Dans le cas présumé de ces très-grandes vitesses, ne serait-il pas urgent de scinder en deux le transport des personnes et des choses?

En effet, nous avons dit que la marchandise se trouvait transportée avec une célérité suffisante.

De ce côté il n'y a donc rien de mieux à faire, mais il resterait au contraire beaucoup à perfectionner pour obtenir un transport économique et faciliter par là le développement de l'industrie.

Que faudrait-il pour effectuer les transports à bon marché sur nos chemins de fer ordinaires? Faire disparaître les résistances passives qui sur plateau, par exemple, sont justement égales au travail développé par la locomotive.

En conséquence, lorsque l'on tend à diminuer ces résistances, l'économie ne porte pas seulement, comme presque dans tous les moteurs, sur une fraction de la force motrice, mais bien sur la totalité. C'est en quelque sorte une usine de résistances passives où le travail est complétement nul.

On pourrait diviser en quatre ces résistances passives, mais dans les petites vitesses deux disparaissent pour ainsi dire, la résistance de l'air, et celle due aux vibrations. On peut presque négliger aussi celle due au roulement des roues sur les rails lorsque ceux-ci sont dans un bon état d'entretien. Il reste donc la plus grande des résistances, qui est celle du frottement des fusées sur les coussinets, et qu'il s'agit ici d'annuler complétement ou du moins de rendre insignifiante.

Nous allons pour cela emprunter à la voie glissante son principe de glissement que nous appliquerons aux fusées des essieux de wagons, comme nous l'avons appliqué déjà aux tourillons des arbres de transmission portant jusqu'à des poids de 35,000 kilogrammes.

Les expériences prouvent que le frottement des

tourillons parfaitement graissés est réduit à un centième par l'interposition de l'eau à pression entre les surfaces frottantes. Supposons que pour des coussinets glissants ne laissant échapper que de très-petites quantités d'eau, fournies facilement par un tender un peu agrandi, on ne réduise le frottement qu'au dixième, l'économie de traction serait de 90 %, et en introduisant les fractions de résistances passives dont nous avons parlé plus haut, l'économie peut encore être évaluée à 75 % sur la totalité de ces résistances.

Par ce qui précède, il est de toute évidence que les frais de transport des marchandises sur les chemins de fer pourraient être considérablement réduits, ce qui amènerait certainement un plus grand trafic, trafic qui serait encore augmenté par l'activité des transactions commerciales, si on parvient, comme tout le fait espérer, à réaliser sur le chemin de fer glissant des vitesses de plus en plus grandes.

Sans entrer dans une longue discussion sur la recherche des moyens les plus parfaits pour tirer le meilleur parti possible de l'application du principe de glissement aux fusées des wagons roulants, je dirai cependant que l'emploi des locomotives à grande détente, facile à appliquer à des machines à vitesse modérée comme celle des trains de marchandises, donnerait d'excellents résultats à cause de l'effort de traction variable dû aux pentes et contrepentes de la voie.

On pourrait aussi, pour gravir de fortes rampes, employer la propulsion hydraulique, qu'on se procurerait le plus souvent dans le voisinage de la voie glissante.

Ainsi donc, la nouvelle voie peut venir en aide à la voie roulante, et si elle lui enlève le transport des personnes ainsi que celui des marchandises légères et d'un grand prix, elle lui apporte des perfectionnements très-importants qui compensent, et au-delà, les pertes qu'elle peut lui faire subir.

D'ailleurs, les stations de la voie glissante devront être placées à de très-grandes distances, surtout si on arrive à donner aux trains une vitesse extrêmement rapide.

Le chemin roulant aura donc à transporter encore, entre chaque station, un assez grand nombre de voyageurs. Il y a par suite tout lieu de croire que les deux voies, l'une à très-grande vitesse et l'autre à vitesse modérée, se viendront en aide mutuellement au lieu de se nuire; et on peut affirmer dès à présent que le nouveau système ne détruira pas plus l'ancien, que ce dernier n'a détrôné les routes impériales.

Qu'il me soit permis maintenant d'indiquer sommairement la succession des essais et des travaux que j'ai effectués dans le but d'arriver à la réalisation du chemin de fer glissant.

En 1854, l'étude du glissement sur l'air comprimé me fait entrevoir que, dans un temps plus ou moins éloigné, on pourra effectuer des transports à très-grande vitesse sur une voie glissante.

En 1858, une expérience de glissement sur l'air comprimé est faite à la Jonchère, et, à cette époque, une explication du système, donnée aux Tuileries devant l'Empereur, paraît séduire Sa Majesté, qui me fait l'offre bienveillante de venir pécuniairement en aide à mes essais. Mais le système paraissait encore trop incertain pour oser accepter ce bienveillant concours.

En 1861, je reconnus que le glissement était plus facile à mettre en pratique, et faisait entrevoir la possibilité de la réalisation d'une voie glissante à vitesse modérée; je me permis, dans une seconde présentation à l'Empereur aux Tuileries, de rappeler l'offre que Sa Majesté m'avait faite précédemment, et je n'eus pas longtemps à attendre les témoignages de sa munificence.

En 1862, l'Empereur, très-satisfait des expériences faites en sa présence à la Jonchère, me fit dire de construire immédiatement 8 ou 10 kilomètres de cette nouvelle voie. Je répondis qu'il restait encore des difficultés assez importantes à résoudre et que je demandais au Gouvernement de me donner les moyens de faire les essais sur un ou deux kilomètres. Malheureusement la Commission administrative, consultée sur le projet d'exécution de cette ligne d'essai, ne donna pas un avis favorable, et je dus me résigner à poursuivre seul mes expériences.

En 1864, j'ai publié un travail assez important sur le résultat de mes nouvelles recherches (voir la note de la page 4); mais je n'ai pu qu'en partie soumettre celles-ci au contrôle de l'expérience, à cause des dépenses considérables que nécessitent de pareils essais. Aussi le manque de plusieurs expériences pratiques que je n'avais pu faire, et la question de la dilatation que j'avais tournée sans l'avoir résolue, me firent prendre dans mon mémoire les conclusions que je rappelle ici : « Je défie l'homme le « plus hardi et le plus profond en science et en « pratique mécaniques de se prononcer pour ou « contre l'avenir du nouveau système ; c'est à l'ex-

« périence seule de résoudre la question. Ainsi « la trop grande réserve ou la trop grande con« fiance seraient, selon moi, deux fautes égales. »

En 1865, j'ai résolu d'une manière complète la question de la dilatation (voir la note de la page 7), je prends des conclusions plus décisives ; aussi je puis maintenant déclarer hautement que toute défiance sur la réussite du système n'est plus permise, même aux hommes les moins disposés à suivre la voie du progrès, et qu'il est temps de réaliser une voie glissante en France, pays où la première idée a pris naissance il y a onze ans, et où elle a reçu les perfectionnements successifs qui ont amené cette idée dans le domaine des applications.

II

Paris, 14 décembre 1865.

A Son Excellence Monsieur le Ministre du Commerce, de l'Agriculture et des Travaux publics.

Monsieur le Ministre,

Par la nouvelle dépêche que Votre Excellence m'a fait l'honneur de m'adresser en répondant à ma lettre du 20 octobre, j'ai été porté à penser que la Commission n'avait pas fait le second rapport que vous lui demandiez il y a deux ans; car cette dépêche ne me donnait pas des assurances assez certaines sur la concession que j'avais demandée de Calais à Marseille, dans le cas où l'essai de Rueil à Bougival remplirait les conditions que j'avais posées dans ma lettre du 7 octobre et rappelées dans celle du 20 du même mois.

M'étant assuré auprès de M. Combes, président et rapporteur de la sous-Commission, que mes prévisions étaient exactes, j'avais demandé à M. le rapporteur si je devais espérer le dit rapport ou si je ne devais pas y compter; car, dans ce dernier cas, je ne devais pas attendre plus longtemps, pour entamer une discussion du premier rapport; ce que je n'avais pas voulu faire, il y a deux ans, si M. le ministre se le rappelle, lorsque, suivant ma demande, Votre Excellence convoqua de nouveau la Commission.

M. le rapporteur m'ayant répondu assez vivement que je pouvais entamer toutes les discussions que je voudrais, en ajoutant qu'il saurait y répondre, je lui fis observer que je serais très-heureux si surtout cette promesse n'était pas comme celle de 1852.

D'ailleurs, si M. le rapporteur avait voulu m'honorer d'une réponse, il aurait pu le faire; car dans le mémoire que j'ai publié, sans parler du rapport, je le discute en quelque sorte indirectement, et si je ne l'ai pas attaqué dans ses parties faibles, c'est parce que M. le rapporteur est très-occupé, et qu'à celui qui travaille beaucoup il est permis de se tromper.

J'ai donc voulu jusqu'à présent éviter une discussion publique afin de concentrer cette discussion entre les mains de Votre Excellence. Contrairement à la règle de conduite que je m'étais faite, je venais de rédiger sur le rapport de la Commission une longue discussion que je me proposais de publier, lorsque j'ai eu l'honneur de rencontrer M. Avril, inspecteur général des Ponts et Chaussées, président de la grande Commission, qui m'a appris qu'il allait réunir sous peu la dite Commission.

En apprenant cette bonne nouvelle, j'ai dû arrêter un travail qui n'aurait plus eu son utilité; mais si la Commission le désire, je pourrai lui montrer une série de plans que j'achève en ce moment; ces plans ont rapport à la construction de la voie et des travaux d'art, et forment le complément d'études toutes spéciales relatives au chemin de fer glissant à propulsion hydraulique.

Permettez-moi, Monsieur le Ministre, avant que cette réunion ait lieu, de présenter quelques observations qui pourraient guider la Commission dans sa nouvelle appréciation, et lui permettre d'arriver plutôt à une solution, car l'exposition de 1867 approche, et il serait intéressant qu'on pût montrer à ses nombreux visiteurs une petite ligne de chemin de fer glissant.

Je condenserai ces observations en un simple raisonnement, qui pourra être compris par tout le monde et que je diviserai en trois parties :

1° Est-il vrai que la rapidité dans les communications a contribué puissamment depuis bientôt un demi-siècle à l'accroissement de la richesse publique en facilitant le développement du commerce et de l'industrie ?

2° Est-il vrai que plus cette vitesse a été augmentée jusqu'à ce jour, plus les effets dont nous venons de parler se sont fait sentir ?

3° Est-il vrai que si par un moyen quelconque la vitesse que nous avons aujourd'hui venait à augmenter, ces mêmes effets se feraient encore sentir, surtout si cette augmentation donnait plus de sécurité et de confortable aux voyageurs ?

Ces trois questions étant résolues affirmativement, il m'en reste trois autres à faire :

1° Est-il vrai que le système de locomotion actuel, qui n'a pas fait de progrès en vitesse depuis un quart de siècle, est impuissant à atteindre des vitesses de plus en plus grandes, indéfinies pour ainsi dire, et telles que l'exige la loi du progrès en toutes choses ?

2° Est-il vrai que le système glissant à propulsion hydraulique est en principe le plus rationnel de tous les systèmes qui tendent à obtenir des vitesses de plus en plus grandes, et qu'il ne présente pour cela que des difficultés de détail et non des impossibilités matérielles telles qu'elles existent dans les chemins de fer ordinaires ?

3° Est-il vrai que les organes proposés par l'auteur sont ceux qui peuvent le mieux jusqu'à présent faire disparaître les difficultés de détail présentées par le nouveau système ?

Si j'avais encore une réponse affirmative à ces trois dernières questions, il me paraîtrait évident que l'essai doit être fait et que l'État doit en faciliter les moyens.

Comme je m'occupe d'inventions depuis vingt-six ans et que j'ai pu en appliquer quelques-unes après bien des difficultés pécuniaires, je crois savoir mieux que personne que la nouvelle découverte du système glissant a absolument besoin d'une combinaison financière qui fasse entrevoir aux personnes prêtant le concours de leurs capitaux à une première tentative d'application industrielle une rémunération en rapport avec leurs risques.

J'ai souvent entretenu de ce sujet M. le rapporteur de la sous-Commission, qui m'a fait part chaque fois de ses impressions à l'égard des encouragements que j'espérais de l'Etat; M. le rapporteur me disait que si le gouvernement ne pouvait pas empêcher la libre concurrence dans l'industrie privée, il ne devait pas non plus donner de subvention ou de garantie pour réaliser une invention qui pourrait porter préjudice à l'ordre de choses établi; concluant par conséquent au laisser-faire.

Je comprends très-bien l'opinion du rapporteur; mais d'un autre côté je vois l'impossibilité de mettre à exécution mon nouveau système sans l'appui de l'État, et j'ai dû tourner la difficulté afin d'arriver à une solution tout en restant dans l'opinion de M. le rapporteur.

Cette solution, je la trouve en demandant la concession provisoire d'une grande ligne, de Calais à Marseille, par exemple; car c'est par la perspective des bénéfices probables d'une telle entreprise que j'entrevois le moyen de décider les actionnaires à vouloir bien risquer leurs capitaux dans mon premier essai de Rueil à Bougival.

Je sais bien qu'une pareille promesse de concession ne pourrait être faite sérieusement qu'après une loi votée par le Corps Législatif. Eh bien! je m'adresserai donc à ce Corps qui représente la France, pays natal de l'inventeur, pour savoir si je dois aller demander à une autre nation les moyens de faire le premier essai de mon système! J'ajouterai, dussé-je être indiscret, que c'est cependant le conseil qui m'a été donné plusieurs fois par M. le rapporteur.

D'ailleurs je puis dire ici que la Chambre des députés pourrait bien s'occuper une seconde fois de mes découvertes, comme elle l'a fait le 13 février 1846; car je crois n'avoir pas démérité depuis cette époque.

Qu'il me soit permis à ce sujet de rappeler le passage du discours qu'un honorable membre de la Chambre a prononcé en faisant allusion au problème que je venais de résoudre pour les écluses des canaux de navigation.

« L'importance de ce problème n'a pas échappé « aux anciens ingénieurs. Voilà cent ans qu'on « s'en occupe avec une persévérance que, jusqu'ici, « n'avait pas couronné le succès. — L'illustre « Vauban a commencé l'étude de ce problème, « je pourrais citer après lui un grand nombre « d'ingénieurs. Je me bornerai à dire qu'en Amé- « rique Fulton, et en France M. de Bétancourt, « sont ceux qui se sont le plus approchés de la « solution.

« Eh bien, Messieurs, ce problème resté jus-

« qu'alors sans solution satisfaisante, un français « vient d'avoir l'honneur de le résoudre.

« Cet ingénieur s'est proposé de réduire la dé- « pense d'eau des écluses au dixième de la dépense « actuelle, et il y est parvenu par l'emploi d'un « mécanisme dont la simplicité et la perfection « ne peuvent être que l'effet d'un rare bonheur « ou d'un grand génie d'invention. »

Ces paroles, prononcées il y a vingt ans, ont leur signification ; depuis cette époque j'ai pu réaliser dans l'industrie privée diverses inventions qui m'ont permis successivement de sacrifier beaucoup d'argent et de temps à la réalisation d'une expérience sérieuse sur ma nouvelle découverte ; mais, pour passer de l'expérience à la pratique, j'ai besoin du consentement de l'État. C'est ce consentement que je viens demander au nom de l'intérêt général ; il ne peut m'être refusé par une nation civilisée.

Veuillez agréer......

Signé :

L. D. Girard,
Ingénieur civil.
Faubourg Poissonnière, 35.

INISTÈRE
griculture, du Commerce
des Travaux publics.

—

CTION GÉNÉRALE
onts et Chaussées
Chemins de fer.

—

EMINS DE FER

—

DIVISION
tudes et Travaux.

—

1er BUREAU.

—

SYSTÈME
de
DE FER GLISSANT

III

Paris, 12 mai 1866.

A Monsieur Girard, 35, rue du Faubourg-Poissonnière.

Monsieur,

La Commission spéciale qui a été chargée d'examiner votre système de chemin de fer glissant s'est réunie de nouveau pour se rendre compte des modifications que vous y avez apportées.

Dans un rapport qu'elle vient de m'adresser, à la suite de cet examen, la Commission estime qu'il appartient aujourd'hui à l'expérience seule de prononcer sur le mérite pratique de votre système, et que, dans cette situation, il convient de vous faciliter les moyens de faire cette expérience.

J'ai l'honneur, Monsieur, de vous transmettre cet avis de la Commission ; vous pouvez être assuré que l'Administration examinera avec intérêt les propositions que vous pourrez lui adresser en vue de réaliser l'application du système de chemin de fer dont il s'agit.

Recevez, Monsieur, l'assurance de ma parfaite considération.

Le ministre de l'Agriculture,
du Commerce et des Travaux publics,

ARMAND BÉHIC.

IV

(Extrait des *Merveilles de la science*, de M. FIGUIER, page 380, 5e série.)

Le *système hydraulique*, imaginé et essayé sur le chemin de fer de Dublin à Cork, par un ingénieur anglais, M. Shuttleworth, et sur lequel un constructeur français, M. Girard, a plus tard appelé l'attention, offre une grande analogie avec le système de M. Andraud. En effet, au lieu d'un tube rempli d'air comprimé, M. Girard emploie un tube plein d'eau. Dans les deux systèmes, le train ouvre et ferme successivement, en passant, des robinets, à l'aide desquels on injecte le fluide moteur dans un appareil de locomotion.

L'appareil de locomotion, dans le système Girard, consiste en deux turbines placées sous les wagons, et qui impriment aux roues le mouvement de rotation. La conduite d'eau, disposée entre les rails, sur tout le parcours de la voie, est alimentée par des réservoirs distribués le long de la voie, de distance en distance.

M. Girard a imaginé récemment de faire porter les wagons sur des *patins* reposant sur le rail par deux surfaces cannelées sous lesquelles on introduit de l'eau destinée à réduire considérablement le frottement.

Ce système paraît dépourvu de valeur pratique. La quantité d'eau nécessaire pour alimenter les conduites constituerait un sérieux obstacle, car dans les temps de sécheresse, ou pendant les hivers très-rigoureux, on serait souvent forcé de suspendre le service de la voie hydraulique. Les passages à niveau des routes, les services de gares, etc., seraient impraticables.

L'idée de M. Girard de réduire la résistance de frottement par l'interposition de l'eau est fort peu applicable à la locomotion; mais peut-être rendrait-elle des services dans la construction des turbines, paliers glissants, volants, hélices de bateau à vapeur, etc., où ce moyen servirait à diminuer le frottement par les axes.

V

(Revue scientifique du journal l'*Époque*.)

LE CHEMIN DE FER GLISSANT A PROPULSION HYDRAULIQUE.

On a déjà parlé du *chemin de fer glissant* de M. Girard. Depuis douze ans qu'il travaille à réaliser une idée si neuve et si hardie, l'inventeur a constamment tenu le public au courant de ses progrès. On a pu voir croître et se développer entre ses mains l'œuvre qu'il avait conçue, on a pu assister aux phases de cette genèse, surprendre le penseur aux prises avec la matière. Je ne viens point révéler l'Amérique aux lecteurs de l'*Epoque*. Mais, au moment où le chemin de fer glissant va enfin aborder une épreuve décisive [1], il

---

[1] D'abord une ligne d'agrément entre le palais des

m'a paru intéressant d'étudier avec quelque détail les principes et d'esquisser les grandes lignes du nouveau système. M. Girard, avec une bonne grâce dont je ne saurais trop le remercier, a bien voulu consacrer une après-midi à me montrer ses appareils de la Jonchère, et mettre à ma disposition sa collection de plans et de mémoires.

D'une manière générale, disons d'abord qu'il y a deux innovations capitales dans le système Girard : 1° le mode de locomotion ; 2° le moteur. Au lieu de *rouler* sur des roues, les wagons *glissent* sur des patins; au lieu d'être *traînés* par une machine à vapeur, ils sont *poussés* par un jet d'eau sous pression. Ces deux chefs principaux se compliquant, dans la description, d'une foule de détails corrélatifs, je vais, au lieu de les traiter séparément, suivre pas à pas dans son développement la pensée de l'inventeur.

En 1854, M. Girard faisait exécuter à l'usine de Noisiel-sur-Marne, chez M. Ménier, un moteur basé sur un nouveau mode de circulation de l'eau dans les aubes courbes d'une roue à laquelle

---

Champs-Élysées et le champ de courses du bois de Boulogne; puis sans doute une grande ligne de Calais à Marseille.

il donna le nom de *roue-hélice*. Un jour, le jeune ingénieur, occupé depuis longtemps d'une application de ce moteur à la navigation aérienne, traversait à pied la plaine de Chelles, lorsqu'il lui vint à la pensée de chercher si tout était bien fini avec les chemins de fer, et si l'on ne pouvait pas augmenter leur vitesse. Deux obstacles, se disait-il, s'opposent à cette augmentation : ce sont les mouvements alternatifs de certains organes de locomotive, — cause de perte de temps manifeste, — et les roues qui ne peuvent atteindre une certaine vitesse de rotation sans danger de rupture, sous l'influence d'actions centrifuges.

La première cause de retard pouvait être supprimée en substituant aux locomotives une force continue, la propulsion hydraulique, telle que M. Girard l'avait réalisée déjà en 1852. Le second obstacle se dressait toujours, comme une barrière infranchissable ; M. Girard vota dans son esprit la suppression des roues.

A ce moment, il fut épouvanté de son audace ; un simple calcul de tête lui indiquait que la résistance allait être décuplée. Voulait-il marcher 5 fois plus vite que les trains actuels ? il lui fallait 50 fois le travail développé par une locomotive pour pousser un même poids. Au lieu de 200 chevaux, par exemple, il en fallait 10,000 : 10,000 chevaux absorbés en frottement !... C'était irréalisable.

Tout de suite l'inventeur chercha quelque chose qui pût racheter cette erreur d'un moment : il eut l'idée de patins se mouvant sur un rail unique, mais très-larges, les deux surfaces étant constamment séparées par une couche d'air fournie par une pompe pneumatique... Le principe était trouvé !

« Toute cette installation, raconte l'inventeur lui-même, fut faite dans mon cerveau dans le seul espace de temps que je mettais à parcourir le pont d'un petit cours d'eau. Je dois dire la vérité : au bout de ce petit pont, je sentis mes jambes fléchir sous moi, et je fus obligé de me tenir au garde-fou pour ne pas tomber... Je n'ai jamais pu m'expliquer cette faiblesse ; je l'attribue à un épuisement complet momentané de mon cerveau, pendant le temps très-court que je mis à confectionner le chemin glissant. »

Cette émotion est de celles qu'on aime à se rappeler. M. Girard n'est pas le premier qui l'ait ressentie. On raconte que Képler ne put retenir ses larmes, quand il entrevit le système du monde.

A partir de cet instant commence une bataille

véritable entre l'inventeur, les hommes et les choses; pendant douze ans, M. Girard, soutenu par la grandeur du but, lutte contre des difficultés sans cesse renaissantes; chaque pas en avant fait naître une objection qui remet tout en question; chaque détail est l'objet d'une étude longue, incessante, désespérante : aux difficultés théoriques s'ajoutent les erreurs, les petites misères pratiques, l'inexpérience des ouvriers, le scepticisme des aides, l'opposition systématique des rivaux. Une pièce était achevée, il faut la modifier à cause d'une pièce voisine; une impossibilité était levée, on en découvre une autre. Qu'on imagine la préoccupation constante, les nuits sans sommeil, les journées passées à chercher une formule, la nécessité de vaquer aux travaux ordinaires, les embarras pécuniaires forcément créés par des essais et des expériences coûteuses, l'obligation — effroyable pour le créateur — d'attendre souvent des mois entiers sans pouvoir réaliser le perfectionnement projeté, et l'on se rendra compte de ce que peut être la vie d'un inventeur.

Le premier soin de M. Girard fut de se rendre compte de la dépense d'air nécessaire, et par suite de la force motrice qui devait le refouler sous les patins. Il se fixa une force approximative de cinquante chevaux pour refouler la quantité d'air suffisant à maintenir à l'état glissant un train de douze voitures.

Vingt mètres de voie, avec des rails de 0^{m} 26 de largeur, et un wagon supporté par quatre patins, furent établis au hameau de la Jonchère. Les patins étaient en forme de coffrets rectangulaires, et présentaient un creux sur leur face inférieure, appuyée sur le rail par les quatre bords.

Le premier essai eut lieu avec un seul patin. Un ouvrier reçut l'ordre de se placer debout sur ce coffret de fonte : l'inventeur lui annonça qu'il allait le faire marcher en soufflant sous le patin à l'aide d'un petit tube. L'autre de rire de cette prétention ; mais son hilarité ne fut pas de longue durée : La terre me manque sous les pieds ! s'écria-t-il. Il fallut l'empêcher de tomber.

Le succès fut moins prompt quand l'inventeur voulut faire marcher son wagon monté sur quatre patins : les rails étaient mal dressés, la voie était déformée ; il fallut détruire ces obstacles, perfectionner le patin ; enfin le wagon glissa. Ces premières tentatives prirent plus de quatre années.

M. Girard, laissant alors reposer la question du glissement, songea à faire l'application de sa propulsion hydraulique.

Le système moteur qu'il établit dès lors était constitué essentiellement, comme celui auquel il s'est arrêté, par deux parties : un récepteur, un injecteur. Le récepteur, composé de petites aubes courbes en fonte de fer, comprises entre deux plateaux, est fixé par le plateau supérieur au plancher du wagon. L'injecteur, en forme de buse recourbée horizontalement, est scellé à poste fixe sur la voie : il reçoit l'eau par une conduite souterraine alimentée par une pompe, et la dirige sur le récepteur dans le sens de la marche ; l'eau dévie sur la partie concave des aubes courbes, et dans son mouvement relatif exerce une action centrifuge due à cette déviation. Le wagon est énergiquement poussé dans le sens du mouvement de l'eau.

A la fin de 1859, M. Girard était en possession des résultats suivants : chaque patin était muni d'un tube en caoutchouc, emmanché sur la conduite principale ; cette conduite, placée de chaque côté du longeron du wagon, recevait par un tuyau à deux branches l'air refoulé par la pompe pneumatique. Le glissement n'était pas parfait, car il fallait, pour ne plus avoir de résistance, employer la graisse ; mais la traction n'en était pas moins réduite à un millième du poids remorqué. Une aiguille placée en tête du train ouvrait les injecteurs; une autre en queue les fermait : malheureusement l'effort exigé par cette manœuvre était assez énergique pour faire éprouver aux deux wagons porte-aiguilles un mouvement latéral désagréable et même dangereux. De plus, les tiroirs qui fermaient et ouvraient les orifices des injecteurs étaient promptement rayés par le sable mêlé à de l'eau, et altérés par la fréquence des manœuvres : l'eau suintait et tombait en gouttelettes continues; il en pouvait résulter une perte de force motrice considérable.

Au milieu de ces préoccupations, les ressources pécuniaires de l'inventeur s'épuisèrent : il fut obligé de s'arrêter.

Quand il reprit ses travaux, en 1860, une idée nouvelle avait germé dans son cerveau : celle d'interposer au rail et au patin une couche d'eau et non plus une couche d'air; le travail de refoulement devait se trouver singulièrement diminué.

Le premier essai dépassa les espérances; non-seulement le frottement disparut, comme avec l'air, mais le nouveau glissement avait infiniment plus de douceur que le premier. Le coefficient de résistance était d'ailleurs, de même qu'avec l'air et la voie graissée, de $\frac{1}{100000}$. Un patin de 40 kilogrammes, surmonté d'un réservoir rempli d'eau qui descend par son propre poids entre le rail et le patin, glisse sous la poussée d'un doigt, d'un souffle, du moindre courant atmosphérique.

M. Girard se détermina donc à substituer à la pompe pneumatique un réservoir d'eau sous pression, destiné à refouler ce liquide sous les patins.

Bientôt survinrent de nouvelles difficultés : les premiers essais avaient été tentés sur une voie dont les rails étaient solidaires, de sorte que la dilatation les déformait; pour obvier à cet inconvénient, il n'y a d'autre ressource que de laisser entre les rails un intervalle qui permette la dilatation. Mais on comprend combien ces intervalles, sans importance sur les voies ordinaires, deviennent redoutables dans le système glissant : lorsque le patin passait sur un joint, la dépense d'eau en ce point devenait plus grande, diminuait la pression, et, faute d'une alimentation proportionnelle, le patin venait à frotter sur le rail.

Contre ce mal, M. Girard imagina le remède suivant : il enchâssa entre les bouts de rails une lanière de cuir ou de caoutchouc qui ne permettait plus à l'eau de sortir en grande abondance par l'espace réservé à la dilatation. De plus, il fit exécuter des patins formant réservoir d'air, afin de suppléer, sans changement sensible de pression, aux excès de dépense de fluide qu'il était impossible d'éviter complétement.

Pendant longtemps le problème parut résolu; mais, après de longues expériences, M. Girard reconnut que l'intervalle compris entre la face supérieure du rail et la lanière de caoutchouc se remplissait de sable, et que l'allongement des rails s'en trouvait gêné au moment de la dilatation.

En présence de ces difficultés, la décision fut prise de renoncer aux rails en métal; une voie en asphalte comprimé fut établie: avec cette matière, plus de solution de continuité; les expériences furent satisfaisantes; l'asphalte fut provisoirement adopté.

Parallèlement à ces travaux marchaient d'autres perfectionnements. Je m'arrêterai seulement à ceux qui touchent les patins et les injecteurs.

Le patin avait déjà été l'objet d'études approfondies. M. Girard avait adopté un modèle dont la face inférieure avait en son milieu un creux rectangulaire de 0,01 de profondeur, entouré de cannelures successives formant en quelque sorte des compartiments quadrangulaires. Le but de cette disposition est aisé à comprendre; lorsque le patin, par un mouvement latéral, prenait une certaine position, le centre de pression de l'eau ne coïncidait plus avec le centre de gravité de la surface du patin, où s'exerçait la pression supérieure due au poids supporté. Il en résultait un mouvement de bascule et un frottement du côté penché sur le rail. Avec les cannelures l'effet devint tout autre : si le patin se trouve penché d'un côté, et s'il ne peut plus débiter l'eau qui arrive d'un compartiment dans l'autre, il tend à s'établir une égalité de pression depuis le milieu jusqu'au bord, et le patin se soulève de ce côté. L'effet contraire a lieu du côté levé, puisque l'eau s'y débitant en abondance détermine une diminution de pression, et le patin tend par ces deux effets contraires à revenir à sa position normale.

Malgré ce perfectionnement, M. Girard reconnut bientôt que le patin, dans son mouvement rectiligne, prenait encore de légères inclinaisons qui pouvaient produire des frottements. Il ne tarda pas à s'apercevoir que la pression supplémentaire sur laquelle il avait compté pour redresser le patin était, en réalité, très-faible. En effet, si la pression augmentait, elle déterminait une vitesse dans le sens des canaux, et l'eau venait sortir du côté opposé ; de là deux effets fâcheux : la pression supplémentaire diminuée ; la diminution de pression atténuée du côté opposé, par suite de l'arrivée de l'eau.

M. Girard imagina de fermer les cannelures aux quatre points cardinaux du patin, afin d'empêcher la circulation de l'eau dans les compartiments : dès lors le patin glissa beaucoup mieux, avec une moindre dépense d'eau.

Pour l'injecteur, on n'a pas oublié les défauts que M. Girard avait reconnus à son premier type : d'une part, la force nécessaire à la fermeture du tiroir était considérable ; d'autre part, il y avait des pertes d'eau. Ces deux inconvénients disparurent par l'adoption d'une soupape pour l'occlusion de l'orifice, et d'un nouveau mécanisme sur lequel je regrette de ne pouvoir m'arrêter.

Tous ces travaux ont conduit l'inventeur à l'année 1864 ; on peut déjà se faire une idée générale du système définitif. On connaît la disposition des injecteurs, celle du récepteur fixé aux wagons, des patins, de la voie ; il reste à élucider quelques questions importantes : d'abord celle de l'alimentation des patins. La conduite d'eau qui règne sur toute la longueur du train *vient de fonte* avec le récepteur rectiligne. Celui-ci, sur la longueur d'un wagon, est formé de trois pièces, ce qui en facilite l'exécution. Ces trois parties, boulonnées ensemble, forment en même temps le joint du tuyau.

La jonction de deux wagons consécutifs est faite au moyen de rotules qui permettent toute espèce de mouvement et peuvent se plier même à une courbe de 35 mètres de rayon; l'attelage se fait en même temps que la jonction des tuyaux alimentaires. Les prises d'eau vont de l'axe du wagon aux patins par des tuyaux ordinaires. La conduite principale est alimentée par un tender placé en tête du convoi, et sur lequel doit se faire le refoulement de l'eau. M. Girard voulait d'abord éliminer complétement toute machine à vapeur sur son tender; il aurait pu en effet embarquer de l'eau sous pression et la faire arriver ainsi sous les patins pour en opérer le soulèvement; mais, d'une part, il aurait fallu organiser une série de clapets destinés à s'ouvrir pendant le fonctionnement des injecteurs et à se fermer après; d'autre part, par les froids vifs, il se forme sur les rails une couche de glace qui dispense d'alimenter les patins, le système étant devenu naturellement glissant; mais il devient impossible d'opérer le démarrage des wagons sans chauffer un peu les patins.

Ces considérations ont déterminé M. Girard à installer une petite chaudière sur son tender, ce qui permet de faire circuler de la vapeur dans la conduite principale pour réchauffer les patins, et d'un autre côté amène l'adjonction d'un petit cheval vapeur destiné à refouler sous pression l'eau des patins.

L'aspect du train glissant perdra de son originalité à cette disposition; mais M. Girard a sagement fait de l'adopter.

Une question importante était encore celle des charges variables imposées aux patins; il peut arriver, en effet, que les patins soient différemment chargés; ceux qui le seront moins occasionneront une perte d'eau considérable, la pression de l'eau étant uniforme pour tous les wagons. M. Girard a paré à cette difficulté en donnant un peu d'élasticité entre les pivots et les patins: l'accroissement de la charge produit un abaissement du pivot; celui-ci commande un tiroir qui augmente le débit de l'eau, et l'on obtient ainsi une pression plus grande sous les patins. L'effet contraire a lieu lorsque la charge décroît.

Pour l'arrêt du train, tout le monde a compris déjà que M. Girard possède le moyen le plus énergique qu'il soit possible d'imaginer : il suffit d'arrêter le refoulement de l'eau sous les patins; un frottement formidable se produit; chaque wagon s'arrête pour son compte, presque instantanément et sans grande secousse pour le voyageur. La résistance des patins sur le rail, au moment où l'on supprime l'eau, dépasse 500 kilogrammes par tonne...

C'est seulement quand il a été en possession de ces conquêtes que l'inventeur a songé à l'exécution en grand d'un chemin de fer conçu d'après son système. Les innombrables questions de détail, — qui deviennent dans la pratique des questions de premier ordre, — se sont alors dressées devant lui.

Tout d'abord, il a été frappé de l'insuffisance de la voie d'asphalte; il s'est dit qu'elle résisterait difficilement à l'action des patins au moment des arrêts; de plus, il ne pouvait guère, dans ces conditions, espérer de réaliser les vitesses excessives. Ces réflexions l'ont ramené graduellement à de nouvelles études sur la première idée, l'emploi des rails en fonte. Mais l'influence de la dilatation et l'effet des solutions de continuité subsistaient toujours... A force d'y songer, M. Girard a imaginé un *compensateur* qui permet d'atténuer l'influence de la dilatation, et grâce auquel l'allongement et le raccourcissement des rails peuvent s'exécuter sans qu'on ait à redouter ni arc-boutements, ni solutions de continuités.

Ce compensateur sera placé tous les cent mètres environ; la voie sera formée, pour ainsi dire, de rails de 100 mètres, composés de plusieurs pièces parfaitement boulonnées entre elles et ne laissant aucun espace entre les joints.

Les deux bouts de rails de 100 mètres, qu'on veut joindre par le compensateur, sont coupés en sifflet et sous un angle de 45 degrés, ce qui donne 90 degrés pour l'angle formé par les deux extrémités des rails que l'on veut joindre. Les deux extrémités des rails, ainsi coupées en sifflet, sont jointes par un coin qui constitue proprement le compensateur et qui est ajusté en coulisse, afin que les trois surfaces en contact forment à leur partie supérieure une face parfaitement plane, sur laquelle les patins puissent passer aisément. Un ressort ou un contre-poids pousse constamment le coin contre les deux faces inclinées des rails; le jeu de la dilatation et du raccourcissement est donc aisé.

Cette question capitale une fois résolue, il a fallu songer à l'alimentation des injecteurs. M. Girard se trouvait là sur le terrain, ou, pour mieux dire, sur l'élément de ses premiers succès en mécanique : aussi sa machine à vapeur géminée avec pompe à quadruple effet et l'indication générale des travaux d'hydraulique sont-elles des merveilles d'ingéniosité.

A mon grand regret, je ne puis m'arrêter sur ces questions, non plus que sur celle des travaux d'art, magistralement traitée par M. Girard. Le public auquel je m'adresse serait, je le crains, peu curieux de connaître ces dispositions secondaires du nouveau chemin de fer ; ce qui le frappe et l'intéresse, c'est le glissement et le mode de propulsion. La même raison m'empêche d'indiquer un nouveau perfectionnement du patin, récemment imaginé par M. Girard, et qui résout la question du glissement parfait, même sur une voie sensiblement déformée..... Je dois me contenter de condenser les conclusions qu'il est permis de tirer de cette étude à grands traits.

Dans l'opinion de l'inventeur, le nouveau système n'est pas destiné à remplacer l'ancien, mais à marcher à ses côtés : ce doit être un chemin de fer de voyageurs et de marchandises légères, propre à réaliser des vitesses inconnues jusqu'à ce jour et à relier des points importants, avec peu ou pas de stations intermédiaires. Les plans et devis de l'inventeur sont basés sur la légèreté même qu'il pourra donner à son matériel glissant. Les nouvelles voies coûteront, à l'estimation de M. Girard, environ 10 o/o de plus que les anciennes. Mais les économies réalisées dans la propulsion des trains auront bientôt couvert largement cette dépense.

En se plaçant dans le cas le plus défavorable, celui où, ne pouvant pas utiliser de chute d'eau, il faudrait recourir à des machines à vapeur (fixes), on économisera encore 60 à 70 o/o sur la dépense actuelle en charbon. Mais il ne faudra pas négliger le cas où l'on pourra utiliser les chutes d'eau. M. Girard a donné de cette différence dans les prix de revient des deux propulsions un exemple remarquable : la machine hydraulique de Saint-Maur, construite par lui au prix de 50,000 francs; il pose en fait que deux appareils semblables (ensemble 240 chevaux), placés de dix en dix kilomètres, pourraient subvenir à un trafic assez considérable, sans nécessiter d'autres frais que 2,000 à 3,000 francs par an de réparations et de graissage. En résumé, M. Girard évalue à 30 o/o les économies que son système réaliserait dans les dépenses d'exploitation.

Dans le système actuel, le nombre toujours insuffisant, quelque grand qu'il soit, des locomotives, limite la fréquence des trains, restreinte, d'autre part, par la distance qui doit séparer deux convois consécutifs pour prévenir les rencontres: dans le système glissant, ces difficultés disparaissent; le moyen d'arrêter en quelques secondes et dans l'espace de quelques mètres un train lancé à de très-grandes vitesses assure un trafic considérable.

Ni voyageurs ni marchandises n'ont plus à craindre de secousses; le glissement des patins est doux et moelleux comme la marche d'une gondole.

Les rampes les plus rapides ne sont pas une difficulté pour le système glissant; il peut gravir des pentes de 0m 10 par mètre et s'arrêter, en les descendant, avec la plus grande facilité. La vitesse, au lieu d'être diminuée dans les montées, pourrait être augmentée, vu qu'on peut, au moyen des chutes d'eau, avoir une propulsion des plus énergiques. Le chemin de fer glissant se trouve donc résoudre de la manière la plus satisfaisante toutes les difficultés que présente la traversée des hautes montagnes. Un exemple parle mieux que tout : le Simplon. Supposons une moyenne de 1,000 mètres de hauteur à franchir, par une rampe de 0m 10 par mètre.

Avec les systèmes de touage, on arriverait à une vitesse de 6 à 7 kilomètres à l'heure ; il faudrait donc passer environ trois heures sous terre sans voir le jour. Avec le chemin glissant, on pourrait franchir cet espace en moins d'une demi-heure, sans crainte d'accidents.

Si nous jetons un coup d'œil général sur le nouveau système, nous remarquerons : la grandeur de la conception initiale, la science consommée, la patience, le travail dépensés pour arriver au but ; parmi les questions de détail, le patin perfectionné, le compensateur de dilatation des rails, la machine de propulsion frapperont moins le public, et sont cependant de véritables chefs-d'œuvre, dont la construction a nécessité l'alliance du génie le plus inventif et du plus haut talent d'observation ; enfin la prudence même de l'inventeur, toujours supérieur à son œuvre, cette modestie intellectuelle, si l'on peut ainsi dire, qui le porte à toujours s'exagérer les défauts et à toujours diminuer dans son esprit les conséquences probables de sa conception, — ne seront pas un moindre sujet d'étonnement. Le chemin de fer glissant est l'exemple le plus remarquable que je connaisse d'une invention sortie à l'état complet et parfait des mains de son auteur, et le moindre mérite de M. Girard n'est pas d'avoir su attendre que son idée fût mûre avant de songer à la réaliser.

PASCHAL GROUSSET.

VI

Dans les *Merveilles de la science*, M. Figuier donne, ainsi qu'on le voit, une description incomplète et inexacte du système; les conclusions auxquelles il arrive indiquent même de sa part une ignorance complète des travaux de l'auteur.

Quelle autre pensée peut venir à l'esprit après la lecture des documents qui précèdent, et que je n'aurais point livrés à la publicité sans la description erronée de M. Figuier dans les *Merveilles de la science*.

Je travaille depuis quatorze ans à la solution du problème de la voie glissante; or, cette solution, pour être complète et recevoir la sanction de la pratique, a besoin du concours du public.

J'ai donc dû défendre celui-ci contre les impressions que pourrait lui laisser la lecture d'une publication telle que les *Merveilles de la science*, qui a la prétention de passer en revue tout ce qui a été fait dans les chemins de fer depuis leur création; je n'ai cru pouvoir mieux faire, pour atteindre mon but, que de mettre sous les yeux de tous les documents qui permettront de connaître la vérité.

J'ajoute que l'inventeur dont les œuvres sont ainsi inexactement décrites et publiquement méconnues dans un recueil qui s'attribue pour mission la diffusion de la science a le droit et même le devoir de défendre son œuvre. Pour faire connaître la vérité, nous mettrons donc en regard des assertions de M. le docteur Figuier : 1° le jugement d'une Commission compétente nommée par l'Administration et composée d'hommes éminents autant par l'honorabilité de leur caractère que par leur science reconnue; 2° l'opinion d'un écrivain, qui, pour ne pas induire ses lecteurs en erreur, a soin d'étudier consciencieusement, après s'être entouré de renseignements puisés à bonne source, la question qu'il présente au public, et ne m'oblige point à des réclamations comme celle que j'ai dû adresser au journal *la France*, le 9 novembre 1862, au sujet d'un article signé L. Figuier, et publié le 4 novembre.

Cette réclamation a pu déplaire à l'écrivain qui peut-être en conservait encore le souvenir, lorsqu'il rendaitcompte, quatre ans plus tard, du chemin de fer hydraulique dans les *Merveilles de la science.*

VII

NOUVEAU PATIN

DERNIERS PERFECTIONNEMENTS.

Avant de répondre à la lettre de M. le ministre du 12 mai 1866, et de présenter un projet de chemin de fer, j'ai voulu réaliser dans le système général du chemin de fer glissant des perfectionnements importants qui assurassent à ce projet toutes les chances de réussite; ces perfectionnements seront décrits dans la note suivante.

En 1864 j'ai publié un premier travail qui, sans être encore très-complet, avait pour objet de répondre à l'ensemble des objections faites par la Commission administrative contre le chemin de fer hydraulique qu'elle était chargée d'examiner.

Dans deux notes subséquentes, j'ai décrit les

perfectionnements apportés aux rails et à la voie en général.

Dans l'une, je fis connaître le compensateur de dilatation dont la découverte m'avait ramené à l'emploi de la voie avec rails en métal, que j'avais voulu remplacer par une voie en asphalte comprimé pour faire disparaître l'obstacle insurmontable des changements de longueur, par suite des variations de la température.

Les rails pouvaient maintenant s'allonger ou se contracter librement sans qu'il en résultât d'arcboutement ou de solution de continuité; l'état parfait de la voie était ainsi assuré.

Dans l'autre note, j'ai décrit un mode de construction spécial de la voie devant assurer à celle-ci une plus grande stabilité, et permettant par conséquent d'éviter de la remanier, comme on est forcé de le faire dans les chemins de fer ordinaires; — grâce à ce mode de construction, on n'a plus à redouter les tassements naturels, ni ceux dus à l'effet du passage de convois dont le poids par mètre courant est environ dix fois moindre que celui par mètre de longueur d'une locomotive ordinaire seulement.

La note indiquait également que, par suite de cette légèreté des trains et de leur transport très-doux par glissement, on pouvait combiner dans les forts remblais des travaux d'art spéciaux et donner un aspect monumental à la base de la nouvelle voie, sans augmenter, toutes choses égales d'ailleurs, le chiffre des dépenses nécessitées par l'établissement des voies pour matériel roulant actuel.

Il restait à craindre que, malgré tous les soins apportés à la construction de la voie et à l'établissement des rails, il se produisît des déformations sensibles qui seraient un obstacle à un parfait glissement; j'ai paré à l'inconvénient possible d'ondulations dans les rails, et j'ai obtenu ainsi, par la disposition des pièces glissantes, une double garantie d'un bon résultat pratique : les moyens que j'emploie à cet effet constituent les perfectionnements que j'ai voulu apporter encore à mon système de chemin de fer avant de le mettre en exécution.

Les patins et les rails doivent être séparés par une couche fluide d'une épaisseur telle, qu'il y ait capillarité entre les deux surfaces; pour réaliser cette condition, il est indispensable que les patins et les rails portent les uns sur les autres d'une manière parfaite.

Or, s'il est très-difficile de faire porter d'une

manière parfaite des patins d'une certaine longueur sur une voie plane, il sera tout à fait impossible d'obtenir ce résultat sur une voie qui serait ondulée; il conviendra donc de réduire autant que possible leur longueur, par suite leur surface.

D'un autre côté, l'expérience montre que l'épaisseur de la couche interposée entre deux surfaces à l'état capillaire diminue à mesure que la pression dans l'intérieur augmente, et qu'ainsi cette pression a des limites qu'on ne peut dépasser; il faut donc laisser aux patins une surface déterminée par le poids à supporter, et par suite leur longueur se trouve elle-même déterminée, car la largeur des rails ne pourrait être agrandie sans retomber dans l'inconvénient signalé et sans augmenter dans de grandes proportions le poids et le prix des rails.

L'expérience que j'ai faite alors sur des patins ayant une longueur de 0,80, nécessaire pour satisfaire aux conditions énoncées ci-dessus, justifia mes craintes, et je reconnus que des patins de cette longueur pourraient toujours laisser échapper l'eau par leurs deux extrémités sur rails convexes ou par les côtés latéraux sur rails concaves, avec une abondance telle, qu'il serait difficile d'embarquer à la course une quantité d'eau suffisante pour les alimenter, si l'on ne voulait pas éviter le frottement sur quelques points de leur longueur.

J'ai donc été amené à augmenter la surface portante par le nombre des patins ayant les dimensions que l'expérience m'avait indiquées comme les plus favorables, conformément aussi au petit calcul très-simple que j'exposerai ci-après :

Admettons, en effet, que la voie soit déformée et qu'elle présente en plan vertical (seule direction dans laquelle la déformation de la voie puisse s'opposer au glissement) des convexités et concavités successives telles qu'il y ait un centimètre de différence sur une longueur de quatre mètres; on peut sans erreur sensible admettre que cette différence affecte une forme en arc de cercle dont la corde serait de $4^{m},000$ et la flèche de $0^{m},01^{c.m.}$, et que pour la longueur d'un patin, $0^{m},80$, cette flèche soit de $0,01 \times \left(\frac{0,8}{4}\right)^{2} = 0,0004$, soit environ un demi-millimètre. Il est certain qu'avec un jeu semblable on peut bien encore glisser sans frottement aux extrémités des patins quand le convoi est animé d'une grande vitesse; mais il serait complétement impossible de démarrer un train s'il était arrêté, et surtout si plusieurs patins se trouvaient dans une position identique. Avec un patin de 0,40 seulement de longueur, cette différence ou flèche ne sera plus que de $0{,}01 \times \left(\frac{0{,}4}{4}\right)^2 = 0{,}0001$, c'est-à-dire si faible que l'on pourra maintenir l'eau entre les deux surfaces qu'elle sépare à une distance qui constitue l'état capillaire et assure le glissement parfait sans crainte de frottement.

Nous avons supposé dans notre exemple une déformation qui n'aura cependant jamais lieu, sans une négligence extrême de la surveillance de la voie, ce qui n'est pas admissible ; il est certain en effet qu'une dénivellation de moitié, c'est-à-dire de 0,005, qui ne donnerait lieu qu'à une flèche de $\frac{1}{20}$ de millimètre sous un patin, ne se présentera qu'exceptionnellement.

Il suffisait, pour rendre possible cette augmentation du nombre de patins par véhicule, de les rendre mobiles dans le sens latéral pour permettre le passage en courbe et supprimer en même temps le frottement dû à ce mouvement latéral sur les supports.

Voici comment je suis parvenu à rendre cette solution possible : au lieu de porter un véhicule sur quatre patins, je le supporte sur huit reliés deux à deux par une articulation attachée au véhicule par un seul point.

Cette articulation consiste en une traverse en fer portant à chaque extrémité un goujon qui repose sur le patin, comme dans le cas d'un patin unique. Le milieu de la traverse est en forme de douille, dans laquelle se loge un pivot attaché lui-même au wagon comme nous le verrons plus loin. Le poids porté par ce pivot se transmet donc par parties égales sur les deux patins.

La traverse pouvant tourner autour du pivot, on voit de suite que les deux patins peuvent s'orienter, dans le plan horizontal, suivant la courbure des rails, sans qu'il en résulte d'action sur le véhicule.

Le jeu à peine sensible du pivot dans la douille centrale de la traverse permet aux deux patins d'osciller dans un plan vertical longitudinal, de telle sorte qu'ils s'appuient toujours sur les rails même ondulés.

Le pivot central s'attache au véhicule non pas directement, mais par l'intermédiaire d'une poutrelle en treillis de forme parabolique, rappelant assez celle des ressorts ordinaires de voitures. Cette poutrelle, de deux mètres environ de longueur, est formée de deux lames en acier, avec traverses minces croisées de même métal, et qui ne règnent qu'aux extrémités, pour permettre d'osciller à la traverse qui relie les patins.

Par suite de la réunion spéciale des deux lames sur le pivot, celles-ci reçoivent également la charge qui agit alors dans le sens de la compression sur la lame inférieure, dans le sens de la traction sur la supérieure ; les réactions qui en résultent sur les points d'attache au véhicule se détruisent mutuellement.

Cette disposition a aussi l'avantage de répartir uniformément sur les deux points d'attache les réactions qui peuvent s'exercer sur la poutrelle au moment d'un arrêt brusque, et comme elle est douée d'une certaine flexibilité, le choc que peut produire tout effort instantané sera entièrement atténué, ce qui assurera la conservation du matériel. La division des patins et l'adjonction de la poutrelle pour supporter le véhicule permettra l'emploi des wagons très-longs, de 12 mètres par exemple, surtout si, en supprimant les portières latérales, on fait travailler à la résistance les côtés du véhicule, et qu'on supprime les châssis et autres organes qui les alourdissent.

Or, il est bien reconnu aujourd'hui que ce genre

de voiture réalise un confortable inconnu aux voitures ordinaires des chemins de fer.

L'ensemble des patins articulés et de la poutrelle à treillis nous facilite également l'alimentation des patins. En effet, dans le système des patins simples, le tuyau par lequel l'eau est amenée au patin unique vient s'ajuster directement sur celui-ci qui devra prendre un mouvement d'oscillation autour de son centre, d'où il résulte des difficultés d'emmanchement ne présentant pas toutes les garanties d'un bon fonctionnement. D'autre part, le tiroir qui doit régler l'ouverture de l'orifice d'introduction de l'eau selon la charge du wagon est excentré et doit également participer au mouvement d'oscillation du patin, ce qui pourrait devenir une cause de fréquents dérangements.

Ici, au contraire, l'eau arrive du tuyau central dans le goujon pivot, reliant la poutrelle à la traverse des patins; or ce pivot est invariable dans sa position par rapport au wagon et au tuyau précité. Les joints du tuyau de raccord ne sont donc exposés à aucune cause de dérangement, et les deux tuyaux des patins opposés serviront en même temps d'entretoise pour maintenir leur écartement.

Le pivot central étant creux reçoit à son intérieur le petit tiroir qui règle l'écoulement de l'eau sous les patins ; ce tiroir est attaché par une tige très-mince au fond même du wagon, et ne peut prendre le mouvement que dans le sens vertical, le seul auquel il doit être soumis, selon la charge du wagon. Par deux tuyaux en forme de spirale, ce qui leur donne une certaine flexibilité, l'eau est amenée du pivot central sous les deux patins.

La simplicité de cet organe est d'une grande importance ; car ce fait même, qu'il doit se répéter quatre fois par wagon, devait attirer une attention toute spéciale. Je crois que la nouvelle disposition dont on vient de lire la description ne laisse plus rien à désirer, et offre toute chance d'une bonne solution pratique.

VIII

CONCLUSION

Étant admis maintenant que l'essai du système peut et doit même être fait, il n'est pas mal à propos d'examiner, en quelques lignes seulement, quel peut être dans l'avenir le résultat, au point de vue financier, de grandes lignes de chemin de fer glissant traversant la France dans toute sa longueur.

Il est incontestable, et c'est l'avis d'un homme éminemment expert en matière de chemin de fer, de M. Julien, directeur des chemins de l'Ouest, qui peut préjuger de l'avenir par ce qu'il a vu du passé, que si avec le système de chemin de fer hydraulique on réalise des vitesses de 30 à 35 lieues à l'heure, que l'on diminue le prix des transports de moitié tout en augmentant aussi la fréquence des départs, en très-peu de temps le nombre des voyageurs sera décuple de ce qu'il est sur nos grandes lignes les plus fréquentées.

Sur celles-ci la recette fournie par les voyageurs est le tiers de la recette brute; les deux autres tiers sont produits par les marchandises qui devront continuer à prendre cette route, car je ne compte transporter que les voyageurs et les marchandises ayant une valeur suffisante pour supporter un prix de transport relativement assez élevé.

Le prix d'établissement d'un chemin de fer glissant à propulsion hydraulique est sensiblement le même que celui de nos voies ordinaires, car s'il est plus élevé en ce qui concerne la voie proprement dite, il l'est beaucoup moins parce qu'il ne demandera pas ces grandes gares et ces vastes établissements d'exploitation qui absorbent un capital considérable. — D'après mes calculs l'exploitation, qui absorbe sur les chemins actuels 50 o/o de la recette brute, ne coûtera que le quart ou les 25 o/o de la recette brute supposée : de ces considérations il résulte, que le revenu net peut être estimé atteindre deux fois et demi le chiffre de ce qu'il est pour nos meilleures grandes lignes, — et cela pour le transport des voyageurs seulement, et en prenant pour base un chiffre de voyageurs décuple de ce qu'il est maintenant; en préjugeant en un mot de l'avenir par ce qui est du passé.

Voyons-le, ce passé, et examinons les résultats qui ont été obtenus chaque fois qu'on a augmenté la vitesse dans le transport des hommes et des choses.

On se convaincra sans peine que nos prévisions ne sont pas de celles que l'avenir ne voit se réaliser jamais.

Lorsqu'il y a à peine un quart de siècle, nos routes ordinaires étaient bien entretenues, les véhicules confortablement établis et les services bien organisés de manière à assurer régulièrement une vitesse de transport de 10 à 12 kilomètres à l'heure, on a vu en France, ainsi que dans les autres pays, le nombre de voyageurs augmenter et atteindre rapidement 25 à 30 fois le nombre de ceux qui se déplaçaient alors qu'on ne pouvait le faire que difficilement à raison de 4 kilomètres: c'est-à-dire le nombre des voyageurs s'est accru à peu près comme le cube du rapport des vitesses.

Longtemps on a pu se contenter de ce moyen de transport qui avait été porté à un degré étonnant de perfection, mais dont la vitesse avait ses limites dans la *force musculaire* du moteur.

Cependant l'époque vint où, le champ de l'activité humaine s'étant agrandi, ces moyens de transport ne suffirent plus.

On créa alors le cheval-vapeur auquel on fit des routes nouvelles appropriées à sa nature, et coûtant dix fois plus que les routes ordinaires. — En peu de temps on réalisa une vitesse qui eut bientôt atteint sa limite, barrière infranchissable qui est fixée par les ressorts naturels de la matière mise en jeu, comme elle l'était pour le moteur animé. Ici la force musculaire, là la force élastique combattue par la force centrifuge!

Aussitôt cependant le nombre de voyageurs s'accrut, non plus seulement comme le cube du rapport des vitesses, mais comme le double de ce cube. — Le spectacle du mouvement prodigieux et du développement inouï de la richesse publique auquel nous assistons de nos jours peut-il être attribué à d'autre cause qu'à celle de cet accroissement de la vitesse dans le déplacement des hommes et des choses, et ne permet-il pas de croire que l'importance du résultat que l'on obtiendra n'est nullement exagérée, et qu'on peut hardiment *préjuger de l'avenir par le passé?*

Au point où mes travaux ont amené la solution du problème du transport par le glissement, il n'y a plus que l'expérience qui puisse donner à mon système une sanction définitive; l'intérêt que présente la question est trop grand, les résultats à obtenir ont trop d'importance pour que cette expérience ne soit pas faite, surtout quand on veut reconnaître qu'il n'y a plus que le seul principe du glissement qui puisse accroître la vitesse du transport et reculer la limite que dans l'état actuel des chemins de fer le défaut de résistance de la matière oppose à cet accroissement.

Paris. — Imprimé chez Jules Bonaventure, 55, quai des Grands-Augustins.

LIBRAIRIE DE GAUTHIER-VILLARS

QUAI DES GRANDS-AUGUSTINS, 55.

Ouvrages de M. L.-D. GIRARD

Chemin de fer hydraulique. — Machine hydraulique pour refouler l'eau dans la conduite, pouvant s'appliquer aussi à toutes espèces d'élévations d'eau. In-4°, avec planches ; 1854 .... 6 fr.

Roue-turbine, nouveau récepteur hydraulique à axe horizontal, à libre déviation des veines liquides continues sur la concavité des aubes courbes. In-4°, avec une planche ; 1863........................ 1 fr. 50 c.

Note sur les expériences des surfaces glissantes et sur leur application aux pivots des arbres verticaux. — **Application des surfaces glissantes.** 2 brochures in-4°, avec une planche lithographiée........ 1 fr. 75 c.

Projet d'élévation d'eau de Saint-Maur. Brochure grand in-4°, avec une planche photographiée ; 1863... 5 fr.

HYDRAULIQUE. Utilisation de la force vive de l'eau appliquée à l'industrie. — Critique de la Théorie connue et Exposé d'une Théorie nouvelle. In-4°, avec 13 planches ; 1863.............................. 10 fr.

Chemin de fer glissant, nouveau système de locomotion à propulsion hydraulique. In-4°, avec atlas de 6 planches in-plano ; 1864...................... 15 fr.

Sur l'application du palier glissant aux tourillons d'un volant de laminoir pesant 35,000 kilogrammes. In-4°, avec planches in-plano..................... 2 fr. 60 c.

La planche se vend séparément................. 2 fr.

Élévation d'eau de la ville d'Oran. Grande photographie 5 fr.

Force hydraulique à domicile (ville de Gênes) ; **roue turbine à libre déviation.** Grande photographie... 5 fr.

Envoi franco contre un mandat de poste ou des timbres-poste.

LIBRAIRIE DE GAUTHIER-VILLARS,
Quai des Augustins, 55.

ÉTUDES ET LECTURES
SUR
LES SCIENCES D'OBSERVATION
ET LEURS APPLICATIONS PRATIQUES,

PAR M. BABINET,
Membre de l'Institut (Académie des Sciences).

Chaque volume se vend séparément : 2 fr. 50 c.

1er VOLUME. — Sur les Mouvements extraordinaires de la mer. — Les Comètes au XIXe siècle. — La Télégraphie électrique. — L'Astronomie en 1852 et 1853. —Astronomie descriptive.—La Perspective aérienne. — Le Stéréoscope et la vision binoculaire. — Voyage dans le ciel.

2e VOLUME.— Les Tables tournantes et les manifestations prétendues surnaturelles. — L'Électricité ouvrière. — La Sibérie et les climats du Nord. — Influence des courants de la mer sur les climats, — sur les tremblements de terre et sur la constitution intérieur du globe. — Bulletin de l'Astronomie et des Sciences pour 1853 et 1854. — De l'Arrosement du globe. — Des Tables tournantes au point de vue de la Mécanique et de la Physiologie. — La Météorologie en 1854 et ses progrès futurs.

3e VOLUME. — Du Diamant et des pierres précieuses. — Des Phares et de la Lumière artificielle. — Physique du globe. — Quillebœuf. — La Méditerranée. — De la Pluralité des mondes.

4e VOLUME. — La Terre avant les époques géologiques. — De la Constitution intérieure du globe terrestre et des Tremblements de terre. — De la Pluie et des Inondations. — L'Astronomie en 1855. — Les Saisons sur la terre et dans les autres planètes. — Sur les Progrès naissants de la Galvanoplastie. — De l'Application des Mathématiques transcendantes. — La Vie aux divers âges de la Terre. — Des Eaux minérales et de la Chaleur centrale de la Terre.

5e VOLUME. — Sur la Sécheresse, les Irrigations et

les Reboisements. (Séance des cinq Académies 1858). — XIX Articles sur l'Astronomie et la Météorologie.

6e VOLUME. — De l'Aimant et du Magnétisme terrestre. — L'Océan islandais. — Théorie physique des Vêtements. — XIII Articles sur l'Astronomie et la Météorologie.

7e VOLUME. — Sur les Pierres précieuses, à l'occasion d'un livre intitulé : *Lithiaka.* — De la Télégraphie sous-marine. — De la Télégraphie électrique et des Télégraphes sous-marins. — Théorie physique des Vêtements. — Un jour d'observations dans les Pyrénées. — Cosmogonie de Laplace. — *La grande Comète de* 1861 : les Comètes en général. — Newton et sa Théorie du mouvement des Comètes. — *Astronomie et Météorologie :* les Visites à la mer. — La Lune rousse. — Service météorologique des ports de France. — L'Éclipse de 1860. — Le Télescope et l'Astronomie d'amateur.— Carte de la Lune, par MM. Lecouturier et Chapuis. — Les Perturbations célestes et celles de la Lune. — Nombre des petites planètes nouvelles et de toutes les planètes de l'univers visible. — Tremblements de terre et état de fusion de l'intérieur du globe. — Mercure et Saturne en 1861. — Ravages du mascaret et présomption de deux violents mascarets pour septembre et pour octobre. — L'âge du siècle. — Encore les Tremblements de terre. — Le Dictionnaire d'Histoire et de Géographie de M. Bouillet. — Passage de Mercure sur le Soleil. — La Lumière cendrée de la Lune. — Encore un mot sur la Lune rousse. — Le Public français et la Météorologie. — Le Cosmos de Humboldt, les OEuvres de F. Arago et l'Atlas du Cosmos, édités par Gide. — Le Télescope dans l'antiquité. — Télescope bourgeois et Astronomie pour tous. — La Terre. — Ses dimensions. — Ce qui a été fait et ce qui reste à faire. — Catastrophes successives qui en ont changé l'aspect. — Son état actuel. — Éclairage, chauffage, arrosement, productions du globe, en un mot, sa météorologie. — Notes sur quelques actualités scientifiques.

Le tome VIII est sous presse.

LIBRAIRIE DE GAUTHIER-VILLARS,

SUCCESSEUR DE MALLET-BACHELIER,

Quai des Augustins, 55.

BABINET, de l'Institut (Académie des Sciences). — *Études et Lectures sur les sciences d'observation et leurs applications pratiques.* Tomes I, II, III, IV, V, VI, VII. In-12 sur carré fin.

Chaque volume se vend séparément............ 2 fr. 50 c.

BARRESWIL et DAVANNE. — *Chimie photographique*, contenant les éléments de Chimie expliqués par des exemples empruntés à la Photographie; les procédés de Photographie sur glace (collodion humide, sec ou albuminé), sur papiers, sur plaques; la manière de préparer soi-même, d'essayer, d'employer tous les réactifs, d'utiliser les résidus, etc.; 4e édition, revue, augmentée, et ornée de figures dans le texte. In-8; 1864.. 8 fr. 50 c.

CAHOURS (AUGUSTE), examinateur de sortie pour la Chimie à l'École impériale Polytechnique. — *Traité de Chimie générale élémentaire.* Leçons professées à l'École centrale des Arts et Manufactures. 2e édition; 3 volumes in-18 avec figures et planches; 1860.................. 12 fr.

(*L'introduction de cet ouvrage dans les Écoles publiques est autorisée par décision de S. Exc. M. le Ministre de l'Instruction publique et des Cultes, en date du* 5 *août* 1862.)

DIEN. — *Atlas céleste*, contenant plus de 100,000 étoiles et nébuleuses. In-folio de 26 planches gravées sur cuivre, dont trois doubles, avec une *Introduction* par M. *Babinet*, Membre de l'Institut; 1865.

Cartonné.. 35 fr.
Rellé... 40 fr.

Les personnes qui ont déjà reçu les 15 cartes antérieurement publiées pourront se compléter en payant 1 fr. 50 c. chaque carte simple et 3 fr chaque carte double.

DU MONCEL (TH.), ingénieur électricien de l'Administration des Lignes télégraphiques. — *Traité théorique et pratique de Télégraphie électrique*, à l'usage des employés télégraphistes, des ingénieurs, des constructeurs et des inventeurs. Volume in-8 de 642 pages, avec 158 figures dans le texte et 8 planches sur cuivre; imprimé sur carré fin satiné; 1864.. 10 fr.

DU MONCEL (TH.). — *Notice sur l'appareil d'induction électrique de Ruhmkorff.* 5e édition, avec 115 figures dans le texte; 1867. 7 fr. 50 c.

DUPLAIS. — *Traité de la fabrication des Liqueurs et de la distillation des Alcools*, contenant les procédés les plus nouveaux pour la fabrication des liqueurs françaises et étrangères, fruits à l'eau-de vie et au sucre, sirops, conserves, eaux et esprits parfumés, vermouts, vins de liqueur; suivi du *Traité de la fabrication des eaux et boissons gazeuses*, et de la description complète des opérations nécessaires pour la distillation des alcools; par DUPLAIS AINÉ. 3e édition, revue et augmentée par DUPLAIS JEUNE, Distillateur et Liquoriste. 2 volumes in-8, avec figures dans le texte et 15 planches; 1866-1867........ 16 fr.

FAVRE (P.-A.), Correspondant de l'Institut (Académie des Sciences), Professeur de Chimie à la Faculté des Sciences de Marseille. — *Aide-Mémoire de Chimie à l'usage des Lycées et des établissements secondaires*, rédigé conformément au Programme du Baccalauréat ès Sciences. In-8, avec atlas de 14 planches renfermant 117 figures ; 1864. 5 fr

M. Dumas, Membre de l'Institut, en présentant l'*Aide-Mémoire de Chimie* de M. Favre à l'Académie des Sciences, s'est exprimé ainsi : « L'Auteur a complétement atteint le but qu'il s'est proposé ; son livre » sera indispensable et au Professeur qui prépare la leçon de Chimie, et » à l'Auditeur qui l'écoute, et à l'Élève qui subira demain son examen. »

FLAMMARION (CAMILLE), Astronome. — *Études et Lectures sur l'Astronomie*. In-12, avec une Carte céleste ; 1867............ 2 fr. 50 c.

Ce volume est le premier d'une série qui sera publiée dans le même format que les *Études et Lectures sur les Sciences d'observation*, par M. BABINET, et qui contiendra, sous une forme intéressante et accessible à tous, le récit des faits les plus nouveaux et des découvertes les plus importantes de l'Astronomie. Ce premier volume renferme entre autres : *Le Soleil, sa nature et sa constitution physique* ; — *l'Astronomie en 1863 et 1864, petites comètes, éclipses, bolides, nébuleuses, etc.* ; — *phénomènes astronomiques des mois pour* 1867 ; — *position des planètes en* 1867, *etc.*

PEIGNÉ (M.-A.). — *Rapport des Mesures, Monnaies et Poids des pays étrangers, avec les Mesures, Monnaies et Poids de la France.* In-18 jésus ; 1867.............. 2 fr. 50 c.

Ce livre, exécuté en majeure partie à l'aide de documents *officiels*, est assurément appelé à un très-grand et légitime succès. — Indispensable à tout le monde, il sera surtout le *vade-mecum* obligé des personnes visiteront l'Exposition universelle.

PETIT (F.), Correspondant de l'Institut, Directeur de l'Observatoire de Toulouse, Professeur à la Faculté des Sciences — *Traité d'Astronomie pour les gens du Monde*, avec des *Notes complémentaires* pour les Candidats au Baccalauréat, aux Écoles spéciales et la Licence ès Sciences mathématiques. 2 vol. in-18 jésus, avec 286 figures dans le texte et une Carte céleste ; 1866.............. 7 fr.

ANNUAIRE PHOTOGRAPHIQUE pour 1867

(3e année), par A. DAVANNE. In-18.

Broché.............. 1 fr. 75

Cartonné.............. 2 fr. 25 c.

[stamp: ...OTHÈQUE IM...]

Paris — Imprimerie de GAUTHIER-VILLARS, successeur de MALLET-BACHELIER rue de Seine-Saint-Germain, 10, près l'Institut.

LIBRAIRIE DE GAUTHIER-VILLARS

QUAI DES GRANDS-AUGUSTINS, 55.

Ouvrages de M. L. D. GIRARD

Chemin de fer hydraulique. — Machine hydraulique pour refouler l'eau dans la conduite, pouvant s'appliquer aussi à toutes espèces d'élévations d'eau. In-4°, avec planches ; 1851 . . . . 6 fr.

Roue-turbine, nouveau récepteur hydraulique à axe horizontal, à libre déviation des veines liquides continues sur la concavité des aubes courbes. In-4°, avec une planche ; 1863 . . . . 1 fr. 50 c.

Note sur les expériences des surfaces glissantes et sur leur application aux pivots des arbres verticaux. — **Application des surfaces glissantes.** 2 brochures in-4°, avec une planche lithographiée . . . . 1 fr. 75 c.

Projet d'élévation d'eau de Saint-Maur. Brochure grand in-4°, avec une planche photographiée ; 1869. . . 5 fr.

HYDRAULIQUE. Utilisation de la force vive de l'eau appliquée à l'industrie. — Critique de la Théorie connue et Exposé d'une Théorie nouvelle. In-4°, avec 13 planches ; 1863 . . . . 10 fr.

Chemin de fer glissant, nouveau système de locomotion à propulsion hydraulique. In-4°, avec atlas de 6 planches in-plano ; 1864. . . . . 15 fr.

Sur l'application du palier glissant aux tourillons d'un volant de laminoir pesant 35 000 kilogrammes. In-4°, avec planches in-plano. . . . . 2 fr. 50 c.

La planche se vend séparément . . . . [illegible]

Élévation d'eau de la ville d'Oran. Grande photographie. . . . . [illegible]

Force hydraulique à domicile (ville de Gênes), roue-turbine à libre déviation. Grande photographie . . . 5 fr.

Envoi franco contre un mandat de poste ou des timbres-poste.

Paris. — Imprimerie Jules Bonaventure, 55, quai des Augustins.

www.ingramcontent.com/pod-product-compliance
Ingram Content Group UK Ltd.
Pitfield, Milton Keynes, MK11 3LW, UK
UKHW021203220726
13924UKWH00003B/1291